Traduit par Nadège Verrier

© The Salariya Book Company Ltd, 1996.
Publié par Watts en 1996.
Titre original : *Rainforest*.
© Editions Epigones, 1996,
pour l'édition française.

ISBN 2-7366-4812-9
Dépôt légal : octobre 1996,
Bibliothèque nationale.
Imprimé par Eurografica.

Editions Epigones
80, rue de Vaugirard
75006 Paris

la forêt équatoriale

écrit par
PENNY CLARKE
illustré par
CAROLYN SCRACE

Série créée et conçue par
DAVID SALARIYA

épigones

SOMMAIRE

La vie sauvage est plus abondante dans les forêts équatoriales que nulle part ailleurs. Chaque hectare de forêt équatoriale sud-américaine abrite 42 000 espèces d'insectes (dont 50 espèces de fourmis), auxquels il faut ajouter les très nombreux autres animaux, jusqu'à 750 espèces d'arbres et 1 500 autres espèces de plantes. L'une des raisons en est la hauteur des arbres. La majorité mesurent 50 m, certains palmiers atteignant même 108 m. La forêt se compose donc de plusieurs étages qui, comme vous allez le découvrir, abritent diverses espèces de plantes et d'animaux.

Toucan à carène

singe-araignée

La forêt équatoriale se compose d'une grande quantité d'espèces d'arbres qui procurent nourriture et abri à des centaines d'espèces d'animaux et de petites plantes.

Boa constricteur

La forêt équatoriale

est une région de forêt dense où la température et la pluviosité sont élevées et régulières tout au long de l'année. Vue d'en haut, cette forêt ressemble à une mer verte dont les cimes des arbres – qui forment la voûte forestière ou canopée – s'étendent à perte de vue. Les arbres étant pour la plupart très hauts, la canopée est très élevée. Les seules percées sont celles faites par les fleuves traversant la forêt.

Les toucans se nourrissent de fruits qu'ils cueillent avec leur énorme bec.

Le
paresseux
tridactyle
se déplace
très lentement,
se balançant
de branche
en branche.

Longues
griffes
courbées

Liane

Coendou

Le tamandua passe
aussi une bonne
partie de sa vie
dans les arbres.
Il se nourrit de
fourmis qu'il
capture de
sa langue
longue et
gluante.

Tamandua

Langue

Fourmilière

Épiphytes

9

Les forêts équatoriales se trouvent en Amérique du Sud, en Afrique et en Asie. Elles se situent pour la plupart entre le tropique du Cancer, au nord de l'Équateur, et le tropique du Capricorne, au sud de l'Équateur. La plus vaste est située au Brésil. Ces forêts ont besoin d'une pluviosité régulière d'au moins 2 m de précipitations par an et d'une température de 26° C, indispensables au développement de la végétation.

Fourmilier nain

FORÊT ÉQUATORIALE

AMÉRIQUE

Rhinocéros de Sumatra

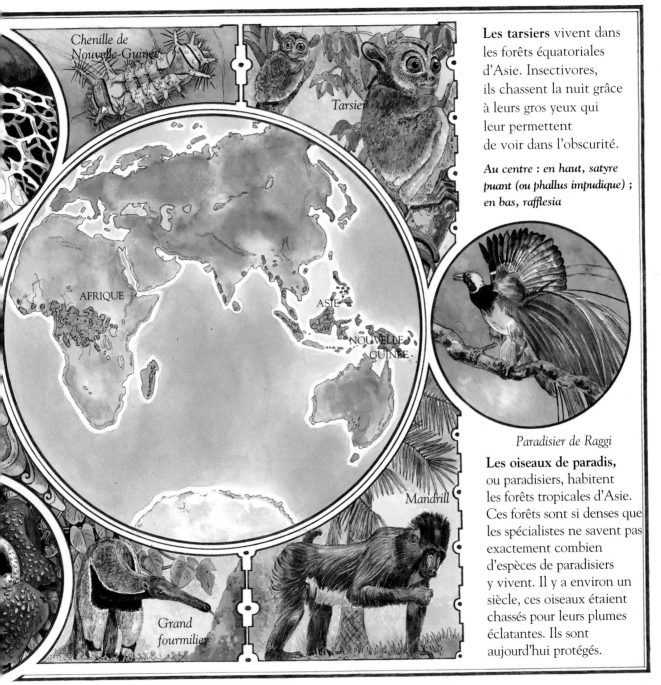

Chenille de Nouvelle-Guinée

Tarsier

Les tarsiers vivent dans les forêts équatoriales d'Asie. Insectivores, ils chassent la nuit grâce à leurs gros yeux qui leur permettent de voir dans l'obscurité.

Au centre : en haut, satyre puant (ou phallus impudique) ; en bas, rafflesia

AFRIQUE

ASIE

NOUVELLE-GUINÉE

Paradisier de Raggi

Les oiseaux de paradis, ou paradisiers, habitent les forêts tropicales d'Asie. Ces forêts sont si denses que les spécialistes ne savent pas exactement combien d'espèces de paradisiers y vivent. Il y a environ un siècle, ces oiseaux étaient chassés pour leurs plumes éclatantes. Ils sont aujourd'hui protégés.

Mandrill

Grand fourmilier

Sans arbres,

il n'y aurait pas de forêts équatoriales. Sans une pluviosité élevée et une température chaude et constante, il n'y aurait pas d'arbres pour former la forêt équatoriale. De même que les arbres ont besoin d'un climat particulier, tous les habitants de la forêt ont besoin d'arbres, qui eux-mêmes ont besoin des oiseaux, des animaux et des insectes pour polliniser leurs fleurs et disperser leurs graines. C'est ce que l'on appelle l'interdépendance.

Voûte forestière

Mousses

Broméliacées

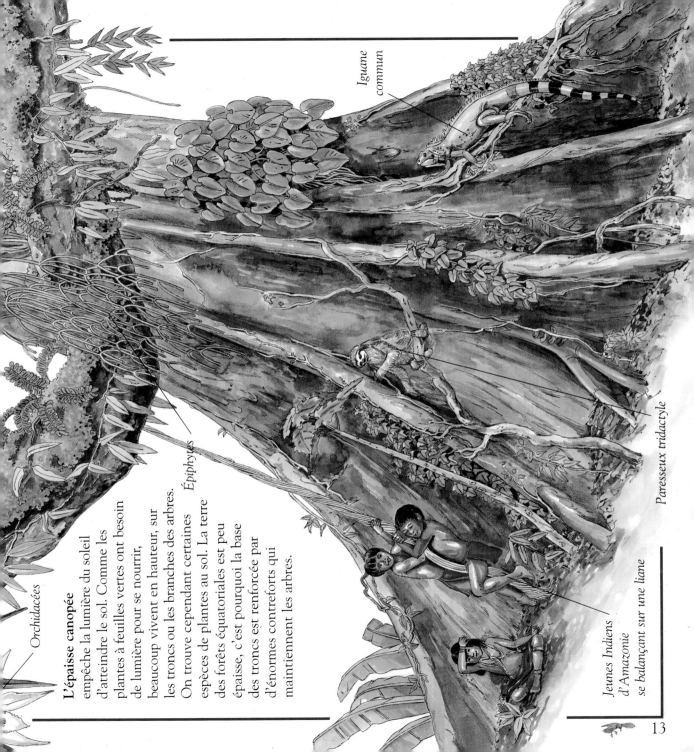

Iguane
commun

Paresseux tridactyle

Épiphytes

L'épaisse canopée
empêche la lumière du soleil
d'atteindre le sol. Comme les
plantes à feuilles vertes ont besoin
de lumière pour se nourrir,
beaucoup vivent en hauteur, sur
les troncs ou les branches des arbres.
On trouve cependant certaines
espèces de plantes au sol. La terre
des forêts équatoriales est peu
épaisse, c'est pourquoi la base
des troncs est renforcée par
d'énormes contreforts qui
maintiennent les arbres.

Orchidacées

Jeunes Indiens
d'Amazonie
se balançant sur une liane

13

*Souï-manga
à collier*

Le potto de la forêt équatoriale africaine est un animal nocturne qui se nourrit d'insectes et de fruits.

Potto

Les arbres de la forêt équatoriale sont si hauts que les conditions de vie diffèrent entre la canopée et le sol. La voûte forestière bénéficie du soleil et de la pluie. Le sol, en revanche, est faiblement éclairé et plutôt sec. Entre les deux, la vie s'est également développée. Beaucoup de plantes ou d'animaux ne vivent qu'à un seul étage. Certaines espèces de grenouilles vivent par exemple au sol, d'autres dans les flaques d'eau de la canopée. Les mandrills ne grimpent aux arbres que pour dormir ; les cercopithèques dianes, eux, ne vivent que près de la canopée.

Tous ces animaux peuplent les forêts équatoriales africaines. Tournez la page pour découvrir les habitants de la forêt équatoriale sud-américaine.

CANOPÉE (étage supérieur)

Palmiste d'Angola

Perroquet
jaco gris

Grand
porte-queue

Calao
à casque
jaune

Aigle couronné
tenant
un colobe

ÉTAGE
INTERMÉDIAIRE

ÉTAGE
INFÉRIEUR

Léopard

Gorille

Okapi

13

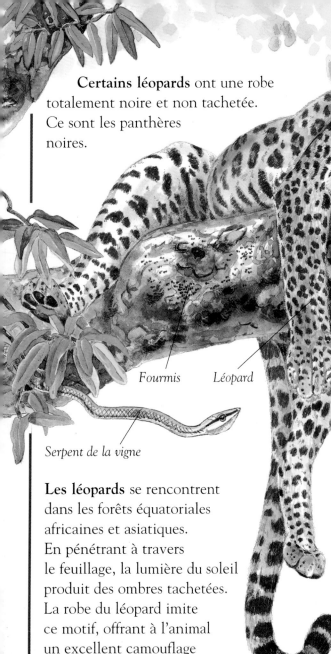

Certains léopards ont une robe totalement noire et non tachetée. Ce sont les panthères noires.

Fourmis   *Léopard*

Serpent de la vigne

Les léopards se rencontrent dans les forêts équatoriales africaines et asiatiques. En pénétrant à travers le feuillage, la lumière du soleil produit des ombres tachetées. La robe du léopard imite ce motif, offrant à l'animal un excellent camouflage lorsqu'il se repose sur une branche ou guette sa proie.

Les plus gros

animaux vivent au sol. La lumière y étant très faible, peu sont colorés. Leur camouflage leur permet au contraire de se confondre avec les plantes. Certains, comme les pangolins arboricoles, ont une peau rugueuse ou écailleuse qui les protège de l'acide des fourmis et des termites dont ils se nourrissent.

Les racines
volantes
se développent
à partir du tronc
d'un arbre, environ
6 à 9 mètres au-dessus
du sol. Elles s'enracinent
aux alentours
de l'arbre,
augmentant
sa stabilité.

Contreforts

Okapi

Gorille

Cobra
cracheur
sur le point
d'attaquer

Queue préhensile
permettant
de saisir les objets

Pangolin

Jeune gorille

Lépiote
élevée
ou parasol

Mille-pattes

Le cobra cracheur projette
un venin qui, s'il atteint
les yeux de son adversaire,
peut provoquer une cécité
permanente.

19

Poussin hoazin

Les poussins hoazins s'agrippent aux branches grâce aux deux griffes qu'ils portent au bout des ailes.

Les anacondas peuvent atteindre 11 mètres de long. Ce sont de bons nageurs.

La forêt équatoriale

sud-américaine est traversée par l'Amazone et ses nombreux tributaires. Venus des montagnes andines, ils traversent les basses terres du Brésil jusqu'à l'Atlantique. Ces fleuves étaient autrefois les autoroutes de la région. La vie sauvage est très présente dans leurs eaux et sur leurs rives.

Loutre géante

Anaconda

Porte-épée

Anguille électrique

Les anguilles électriques assomment leurs proies d'une décharge électrique.

Terrapène

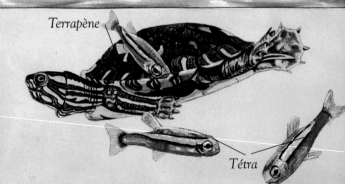

Tétra

Tapir du Brésil

Le tapir du Brésil est un excellent nageur.

Une femelle alligator construit un nid de boue et de feuilles décomposées dans lequel elle va déposer ses œufs.

Femelle alligator

Paca

Ibis rouge

Barbillons

Ange de mer

Le poisson-chat trouve ses proies dans les eaux boueuses grâce à ses barbillons.

Poisson-chat

21

Chauve-souris des fleurs

Nectarivores, les chauves-souris des fleurs sortent au crépuscule pour se nourrir.

Python vert arboricole

Les chauves-souris des fleurs pollinisent les arbres des forêts de Nouvelle-Guinée qui fleurissent au crépuscule.

L'étage intermédiaire,

entre la canopée et le sol, est un monde à lui seul. Les feuilles tombent dans les fissures de l'écorce des arbres où elles se décomposent, formant un tapis végétal sur lequel se développent les vers et les champignons, ainsi que certaines plantes comme les broméliacées. L'eau remplit les feuilles de ces dernières, offrant aux grenouilles arboricoles un lieu de ponte idéal. Le python vert arboricole de Papouasie se déplace sans bruit, guettant insectes, oiseaux et mammifères.

Grenouille verte arboricole

Dynaste Hercule

Beaucoup de papillons et de grands paons de nuit vivent dans la forêt équatoriale. Une espèce de Nouvelle-Guinée, le dynaste hercule ou hercule, a une envergure de 25 cm.

Le kangourou arboricole de Goodfellow se déplace à travers les forêts équatoriales de Nouvelle-Guinée en sautant d'arbre en arbre. Ses bonds peuvent atteindre 7 mètres.

Liane

Nocturne, le couscous tacheté vit en Nouvelle-Guinée.

Phalanger planant

Les phalangers planants bondissent d'arbre en arbre en étirant leurs pattes. Grâce à une membrane (le patagium) qui unit poignet et cheville, ils peuvent planer en toute sécurité sur une cinquantaine de mètres. Tournez la page pour découvrir de plus près la vie dans les arbres.

23

Le vautour royal se nourrit d'animaux morts, et principalement de poissons. Grâce à son odorat très développé, il trouve aisément sa nourriture dans la forêt tropicale dense.

Seuls les vautours royaux de plus de deux ans portent des couleurs vives sur la tête.

La canopée est la partie la plus chaude, la plus humide et la plus ensoleillée de la forêt. C'est là que vivent et se nourrissent la plupart des animaux. Les colibris sirotent le nectar des fleurs aux couleurs vives. Les singes se délectent de fruits, d'insectes et d'œufs.

Les aras se régalent de fruits, de graines et de baies, s'envolant dans un vacarme assourdissant dès qu'ils sont dérangés.

Colibri rubis-topaze

Orchidée parfumée

Les ailes bleu métallique du morpho brillent sous le soleil de la canopée.

Ara

Morpho

Papillon squelette

Couple de saïmiris

Ouakari

Singe laineux

Les forêts pluvieuses ont des cycles de vie. Leur sol étant pauvre, les organismes morts doivent être rapidement décomposés afin de libérer dans la terre les éléments nutritifs indispensables aux arbres. Bien nourris, les arbres donnent des fleurs et des fruits qui constituent l'alimentation de nombreuses créatures. Celles-ci forment à leur tour le repas d'autres animaux.

Chat-léopard d'Asie

Tupaïdé

Termite

Tigre d'Inde

En tombant, un arbre entraîne beaucoup d'autres arbres dans sa chute. Un trou se forme dans la forêt par lequel pénètre la lumière du soleil. Les jeunes arbres qui vont venir remplacer les anciens peuvent ainsi croître plus rapidement.

Arbre géant tombé

Les papillons affluent dans la nouvelle clairière.

Un gibbon lar tient dans la main un insecte qu'il a attrapé juste avant d'être lui-même capturé par un python indien.

Fourmis légionnaires

Python indien

Gibbon lar

Insecte

Caméléon
de Jackson

Les cellules de la peau des caméléons s'élargissent ou se contractent pour changer de couleur. Cela permet au lézard de ne pas être vu au moment où il s'apprête à sortir son immense langue pour capturer sa proie.

Une espèce ne peut survivre que si elle donne naissance à des petits. Cela est valable aussi bien pour les plantes que pour les animaux. Chez ces derniers, la reproduction se fait entre adultes de la même espèce. Les dangers dans les forêts équatoriales sont cependant nombreux et les animaux doivent apprendre à se défendre. Certains imitent des animaux plus dangereux pour dérouter leurs prédateurs, d'autres sont si bien camouflés qu'ils passent inaperçus.

*Langue démesurée
du caméléon*

Fer-de-lance

Les couleurs vives
du dendrobate,
une grenouille tueuse,
servent d'avertissement
aux autres animaux :
la grenouille sécrète
des toxines
mortelles.
Ce type de
défense est utilisé
par de nombreux
animaux
dangereux.

Dendrobate

Les pangolins
se mettent en boule.
« Dépliés »
(page 19),
ils constituent
une proie facile
mais une fois
enroulés,
même un
léopard avec
ses énormes
griffes n'a pas
d'emprise sur eux.

*Mante
agrippant sa proie*

Pangolin arboricole

L'imitation est un excellent
camouflage, surtout si
la chose imitée n'est pas
comestible.
Certaines mantes ressemblent
à s'y méprendre aux feuilles mortes.
Devinez où se trouve la mante !

La pervenche de Madagascar est utilisée dans la thérapie des leucémies (type de cancer).

La quinine, utilisée dans le traitement du paludisme (maladie tropicale), est extraite de l'écorce d'un arbre d'Amérique du Sud, le quinquina.

Les forêts équatoriales jouent un rôle capital.

Tous les mammifères inspirent de l'oxygène et expirent du gaz carbonique (CO2). Les végétaux, eux, absorbent du gaz carbonique. Les forêts tropicales absorbent donc énormément de CO2, ce qui est d'autant plus important que c'est un gaz « à effet de serre ». Présent en trop grande quantité, il augmenterait la température, accélérant le réchauffement de la Terre.

Celui-ci, à son tour, entraînerait la fonte des glaces de l'Arctique et de l'Antarctique. Une fois fondue, la glace élèverait le niveau de la mer, inondant toutes les régions basses de la planète.

Le paludisme est transmis à l'homme par les moustiques.

FLORIDE

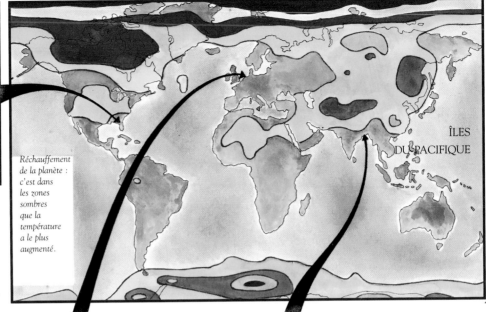

Réchauffement de la planète : c'est dans les zones sombres que la température a le plus augmenté.

ÎLES DU PACIFIQUE

Si la planète se réchauffe, les régions les plus basses seront inondées.
Les contrées les plus exposées sont la Floride (États-Unis), les Pays-Bas (Europe), le Bangladesh (Inde) et les Îles du Pacifique.

Récolte du latex

PAYS-BAS

La majeure partie des Pays-Bas se trouve au-dessous du niveau de la mer. Ce pays est protégé de la mer par des digues.

BANGLADESH

L'immense delta du Gange constitue une part importante du Bangladesh. Si le niveau de la mer s'élevait, toute cette partie du pays disparaîtrait.

Le latex est la sève d'un arbre découvert originairement dans la forêt amazonienne. Imaginez ce que serait la vie aujourd'hui sans caoutchouc !

On trouve des ananas sauvages dans les forêts équatoriales.

33

Sarbacane

Chasseur
de la tribu
des Matis

Le climat de la forêt équatoriale varie peu tout au long de l'année. Il n'y a donc pas de vraies saisons. Les fruits comestibles, les graines et les animaux sont suffisamment nombreux pour nourrir les peuples indigènes. Les habitants de la forêt n'ont pas besoin de stocker de nourriture en prévision d'une période plus dure. Il leur suffit de cueillir ou de tuer ce dont ils ont besoin. Les sarbacanes, les javelots, les arcs et les flèches sont leurs seules armes. Ils trempent les pointes des javelots et des flèches dans un poison pour tuer ou paralyser leurs proies.

Les Yanomamis, Indiens
d'Amazonie, fabriquent
des malocas (maisons).
Après quelques
années, ils quittent
leur lopin
de terre pour
construire
de nouveaux
malocas dans
une autre partie
de la forêt.

Malocas

Arc

Flèche

*Chaume
fait de feuilles
entrelacées*

*Jeune garçon
avec un arc
et une flèche*

Les jeunes garçons apprennent
à chasser avec leur père. Les dessins
du visage et du corps protègent
des mauvais esprits et servent de
camouflage. Porter un masque de chat
permet au chasseur de se déplacer
facilement à travers la forêt.

Les forêts équatoriales sont en danger.

Souvent situées dans des pays pauvres, elles sont considérées comme des régions inutiles. Beaucoup de gouvernements souhaiteraient utiliser ces terres pour la culture ou l'élevage. Mais la couche de terre est fine : si on coupe les arbres, le sol est rapidement lessivé ; si on y plante des cultures, les rendements sont faibles. La disparition des forêts équatoriales perturbe le climat mondial. Les arbres rejettent de l'humidité dans l'atmosphère. S'il n'y a plus d'arbres, les taux de pluviosité chutent, entraînant des changements climatiques.

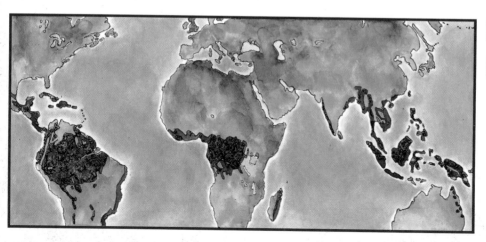

 FORÊT ÉQUATORIALE

 ZONE PERDUE CHAQUE ANNÉE

La terre lessivée provenant des zones défrichées est visible à plusieurs kilomètres dans la mer.

Une fois coupée, la forêt ne repousse plus. Elle disparaît à jamais, avec les nombreuses créatures qui la peuplaient. Les scientifiques pensent que les forêts équatoriales abritent encore un grand nombre de plantes et d'animaux toujours inconnus.

Quetzal

Aidez à sauver la forêt en soutenant les organisations en faveur de l'environnement. Et surtout, n'achetez jamais quoi que ce soit – plante, oiseau, animal ou objet de bois - provenant des forêts équatoriales.

Les routes et les camions contribuent à détruire et à polluer la forêt.

Arbre coupé

Les tronçonneuses facilitent considérablement la coupe du bois.

MOTS UTILES

Barbillon : « moustache » tactile autour de la bouche de certains poissons comme les poissons-chats.

Broméliacée : plante de la famille de l'ananas, aux feuilles rigides rappelant le cuir.

Camouflage : taches ou couleurs présentes sur le corps d'une créature qui lui permettent de se fondre avec son environnement.

Élément nutritif : substance qui permet de nourrir.

Épiphytes : plantes qui poussent sur d'autres plantes sans en être les parasites. Les épiphytes piègent l'eau de pluie dans leurs feuilles et ne puisent pas l'eau par les racines, comme les autres plantes.

Espèce : groupe d'animaux ou de plantes qui se ressemblent, vivent de la même façon et donnent naissance à des petits qui font de même.

Gaz carbonique : gaz que nous expirons et que les arbres absorbent. C'est l'un des composants de notre atmosphère.

Habitat : lieu où vit un animal ou une plante.

Interdépendance : dépendance réciproque.

Mammifère : qui nourrit ses petits au lait maternel.

Paralyser : rendre impuissant.

Pollinisation : échange de pollen entre plantes à fleurs. Une fleur non pollinisée ne peut pas produire de graines ni de fruits.

Préhensile : qui peut saisir.

Proie : créature chassée pour être mangée.

Tributaire : cours d'eau ou fleuve qui se jette dans un plus grand.

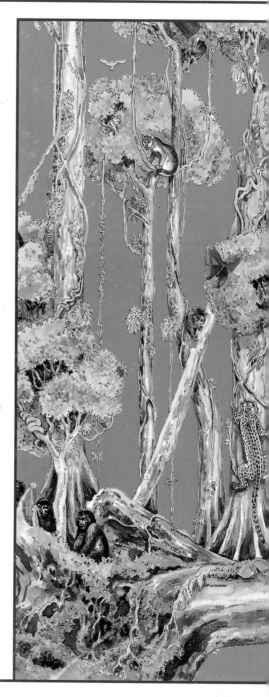